음악은 과학인가?

LA MUSIQUE EST-ELLE UNE SCIENCE?

by Alain Schuhl & Jean-Luc Schwartz

민음 바칼로레아 030

음악은 과학인가?

알랭 쉴 · 장뤽 슈와르츠 ㅣ 김양한 · 김정진 감수 ㅣ 김성희 옮김

민음in

차례

질문 : 음악은 과학인가?

음악은 여럿이 함께 꾸는 꿈이다.

이런 음악을 합리적으로 설명하고 표현하는 것은 어쩌면 헛된 일인지도 모른다. 그러나 작곡가의 뇌에서 출발해 듣는 사람의 감정에 이르기까지 음악이 지나는 길을 자세히 짚어 보면, 뜻밖에도 음악이 갖가지 과학의 영역에 아주 가깝게 있다는 사실을 알 수 있다.

우선 우리가 악기를 연주해 만들어 낸 음은 소리를 지닌 대상이 되어 음향학의 영역에 들어간다. 그 소리는 우리가 **음악 음향학**이라는 하나의 학문을 체계화하여 연구할 만큼 특별한 것이다. 우리는 음악 음향학의 연구 결과를 이용해 서로 다른 두 악기로 같은 높이의 음을 연주할 때 왜 다른 소리가 나는지 설명할 수 있고, 또 소리는 어떻게 만들어지는가에 대해 글을 쓸 수도 있다.

이때 도움이 되는 학문이 바로 물리학이다. 물리학의 관점에서 볼 때 소리는 '듣는 사람 쪽으로 빠르게 이동하는 규칙적인 진동', 즉 하나의 물리적 현상이다. 음악은 높고 낮은 소리의 진동이 수없이 많이 섞여 있는 것이다. 또한 이처럼 복잡하게 얽혀 있는 소리들이 조화를 이루도록 각각의 음이 내는 진동을 정확하게 판단하는 것은 수학의 영역에 속한다.

소리를 물리적으로 설명했다고 해서 음악 음향학을 다 안다고는 할 수 없다. 청각이 소리를 느끼는 원리도 음악 음향학과 관련이 있다. 따라서 사람의 귀가 어떻게 소리의 진동을 느끼고 반응하는지, 또 소리 신호가 어떻게 뇌까지 전달되는지도 알아야 한다. 그러려면 과학의 영역인 생리학에 한 번 더 도움을 청할 수밖에 없다.

생리학의 관점에서 보면, 우리 귀에 들어간 소리 신호는 외이(外耳)에서부터 내이(內耳)를 거쳐 신경 세포를 타고 뇌까지 힘차게 나아간다. 사람의 뇌는 이렇게 해서 외부의 소리와 다른 사람들의 노랫소리를 추적할 수 있다.

이뿐만이 아니다. 최근 눈부시게 발전한 **인지 과학**˚을 이용하면, 사람의 뇌가 음악에 실려 있는 정보를 해석하고 작곡가의 꿈을 공유하기 위해 어떻게 움직이는지도 알 수 있다.

"내 몸은 음악을 들으며 마음의 평안을 얻는다." 독일의 철학자 니체가 한 말이다. 우리도 지금까지 니체와 마찬가지로 머리가 아니라 마음으로 음악을 느낀다고 생각해 왔다. 그러나 앞에서 살펴본 것처럼 여러 분야의 과학을 이용해 음악을 설명할 수 있게 된 오늘날, '음악 자체가 어쩌면 과학이 아닐까?' 하는 의문이 생긴다고 해서 이상할 것은 없다.

음악은 '소리의 과학' 일까?

음악의 기본 구성 단위인 음에 규칙이나 질서 같은 것이 있을까?

완벽한 화음이 존재할까?

음악은 뇌로 이해하는 걸까, 아니면 마음으로 느끼는 걸까?

도대체 사람의 귀는 왜 두 개나 될까?

'침대는 가구가 아니라 과학' 이라는 유명한 광고 문구처럼 음악도 예술이 아니라 과학이 아닐까?

• • •

인지 과학 인간이나 생물의 인식 과정을 대상으로 하여 지식의 표현, 추론 기구, 학습, 시각 · 청각의 메커니즘 등을 연구하는 과학. 인공 지능, 전산 과학, 심리학, 언어학, 신경 과학 등의 여러 학문과 관련되어 있다.

어쩌면 모두 엉뚱한 질문일지도 모른다. 그러나 과학이 어떻게 발전했는지 생각해 보라. 엉뚱한 질문을 던진 수많은 사람들이 없었다면 오늘날 과학은 이토록 발전하지 못했을 것이다.

자, 이제 책장을 넘겨 이 엉뚱한 질문의 답을 알아보자.

1

소리에도 규칙이 있을까?

소리는 어떻게 만들어질까?

우리는 귀가 있기 때문에 소리를 들을 수 있다. 더 정확히 말하면, 귀 안쪽의 청각 기관이 지닌 '듣는 능력'을 사용하여 소리를 파악한다. 귀는 기압의 진동에 특히 민감한 얇은 막(고막)으로 소리를 포착하는데, 이는 소리가 귀 주변의 기압 변화와 관련이 있다는 뜻이다. 즉, 대기압 평형 상태에 있던 공기 입자가 주위에서 에너지를 받아 진동하면 압력이 변하는데, 이러한 압력의 변화가 바로 소리를 만드는 것이다.

세상에는 수많은 소리가 존재한다. 저음이 있는가 하면 고음도 있고, 무미건조한 소리가 있는가 하면 가슴을 에는 듯한 소리도 있다. 그 하나하나의 소리가 다 제각각이다. 이처럼 많은 소리를 구별하는 첫 번째 기준은 각각의 **세기**다. 바스락거리는 나뭇잎 소리와 요란한 천둥 소리는 압력 변화의 크기가 달라서 차이가 나는 것이다.

이렇게 보면 사람의 귀가 지닌 감지 능력은 정말로 굉장하다. 대기압의 100억 분의 1밖에 안 되는 미미한 압력 변화도 잡아 낼 수 있기 때문이다.

음악의 기본 구성 단위인 음은 압력이 마치 시계추처럼 규칙적으로 반복하며 변화하는 매우 특별한 소리다. 압력 변화의 규칙성을 결정하는 음의 시간 간격을 **주기**라고 한다. 소리굽쇠가 내는 소리는 1초에 440번 진동하므로 그 주기는 1000분의 2.27초다.

진동이 1초에 몇 번 반복되는지 측정하는 단위인 **주파수**(진동수)는 헤르츠(Hz)로 표시한다. 소리굽쇠가 내는 라 음의 주파수는 440헤르츠다.

음의 주기가 짧을수록 주파수는 더 커진다. 음악에서 음의 주파수는 음의 높이와 바로 연결되는데, 고음은 고주파수라고 불리는 높은 주파수 값에 해당하고, 이와 반대로 저음은 저주파수에 해당한다.

앞에서 말했듯이 귀는 굉장한 성능을 지닌 소리 포착 장치이긴 하지만, 일정 영역에서만 실력을 발휘한다. 귀는 1000~4000헤르츠 사이의 주파수를 가진 소리를 가장 잘 감지하고, 그 범위를 벗어난 소리는 거의 듣지 못한다. 20헤르츠 미만의 주파수를 가진 진동은 전혀 느끼지 못하며, 대개 2만 헤르츠(20킬로헤르츠)를 넘어가는 주파수도 듣지 못한다.

소리는 어떤 규칙에 따라 움직일까?

소리는 한 자리에 가만히 있지 않고 주위로 퍼져 나간다. 우리가 주변에서 일어나는 일을 소리를 듣고 알 수 있는 것도 이러한 소리의 성질 때문이다.

물론 소리가 한 곳에서 다른 곳으로 순식간에 전파되는 것은 아니다. 공기 중에서 소리가 이동하는 속도인 음속은 1초에 약 340미터이다. 시간으로 따지면 1시간에 무려 1200킬로미터를 간다는 얘기다.

땅과 같은 고체를 통하면 소리가 더 빨리 이동하는데, 매우 단단한 물질의 경우 1초에 10킬로미터까지 간다. 이러한 차이는 매우 놀라운 결과를 낳기도 한다.

예를 들어 폭발이 일어난 곳에서 약 3킬로미터 떨어진 곳을 지나가는 사람은 폭발음을 한 번이 아니라 두 번 듣게 된다. 같은 폭발이 만든 두 가지 소리의 이미지가 그 사람에게 다다르기 때문이다. 첫 번째는 땅을 통해 빠른 속도로 전달되는 것으로서 폭발 후 곧 도착하고, 두 번째는 공기를 통해 천천히 이동하여 약 10여 초 더 늦게 도착한다.

북소리처럼 둔탁한 소리는 짧은 압력 변화를 만들어 내고, 이렇게 만들어진 압력 변화는 곧이어 사방으로 퍼져 나간다. 우리는 공기를 볼 수 없기 때문에 아쉽게도 소리가 퍼져 나가는 모습도 볼 수 없다. 하지만 잔잔한 연못에 돌멩이를 던지면 소리의 움직임과 꽤 비슷한 이미지를 얻을 수 있다. 돌멩이가 떨어진 지점에서 시작해 수면에 퍼져 나가는 동그라미가 바로 그것이다. 주기적인 움직임을 관찰하고 싶으면 돌멩이를 같은 자리에 규칙적인 간격으로 던지기만 하면 된다. 그렇게 해서 만들어지는 일련의 잔물결들을 '파동'이라고 한다.

음악의 음도 수면의 잔물결과 마찬가지로 일련의 주기적인 압력 변화를 공기 중으로 확산시킨다. 이것이 바로 소리의 파동, 즉 음파다.

음악의 음은 음파에 실려 움직인다. 수학자 조제프 푸리에는 모든 음파가 사인파[*]를 그리는 단순 파동들의 합이라는 사

●　●　●

사인파 삼각함수의 사인 곡선에 따라 S자 형태의 물결 모양으로 표시되는 파동.

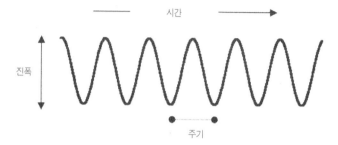

실을 밝혀냈는데, 음파를 구성하는 파동은 위의 그림처럼 시간에 따라 진동한다.

사인파의 특징은 주기, 주파수, **진폭**이 서로 다르다는 것이다. 진폭은 발생된 압력 변화의 크기를 보여 주는 것으로서, 가장 큰 압력과 가장 약한 압력 사이의 차이다. 연못에 돌멩이를 던졌을 때 만들어지는 파동으로 설명하면, 물결의 높이를 진폭이라고 할 수 있다. 파동의 진폭은 소리의 세기와 직접 연관된 것이지만, 진폭의 크기와 세기의 크기가 정확히 일치하는 것은 아니다. 데시벨(dB)로 측정되는 소리의 세기는 음원과 청취자 사이에 파동에 의해 전달되는 에너지의 양이 어느 정도인지를 나타내는 것으로서, 음파의 진폭에 따라 자연적으로 증가하게 되어 있다.

작곡가는 어떻게 소리로 음악을 만들까?

무지개는 빛의 파동이 각각 사인파 성분들로 분해될 때 나타나는 아름다운 현상이다. 태양이 내놓는 빛은 수많은 단순 파동으로 나누어지는데, 그 파동은 저마다 하나의 주파수, 즉 하나의 색깔에 정확히 대응된다. 보라색이 파동의 주파수가 가장 높고, 빨간색 쪽으로 갈수록 주파수가 낮아진다. 빛뿐 아니라 소리도 이런 식으로 설명할 수 있다. 더 복잡하긴 하지만, 소리도 일종의 소리 무지개로 분해할 수 있는 것이다.

주파수에 따라 파동의 세기가 어떻게 변화하는지 연구하는 것을 **스펙트럼 분석**이라고 한다. 소리에 대해 스펙트럼 분석을 실행하면, 주파수와 세기를 보여 주는 2차원의 스냅 사진을 얻을 수 있는데 이것을 **음향 스펙트럼**이라고 한다.

음향 스펙트럼은 소리 에너지가 주파수 전 영역에 분포되어 있는지, 아니면 사인파 형태의 단순한 파동에서 나타나듯 하나의 주파수에만 집중되어 있는지를 보여 준다. 그런데 소리는 시간에 따라 달라질 수 있다. 처음에는 저음이었던 소리가 나중에는 고음이 될 수도 있다는 얘기다. 따라서 하나의 음을 완벽하게 설명하려면 시간이 지나면서 그 음의 스펙트럼이 어떻게 변하는지도 보여 줄 수 있어야 한다.

작곡가는 자기가 원하는 대로 음을 배치하여 소리의 무지개를 그린다.

작곡가는 위와 같은 방법을 이용하여 '3면체'라고 할 수 있는 3차원적 공간(주파수, 세기, 시간) 안에서 음악을 쓴다. 작곡가는 낮거나 높은 음, 길거나 짧은 음들을 자기가 원하는 대로 스펙트럼과 시간 안에 배치한다. 화가가 그림을 그리는 방식과 조금 비슷하다.

오늘날 현대 음악을 작곡하는 이들은 음향 합성 기기와 컴퓨터를 이용하여 악기의 음을 넘어선 완전히 새로운 소리를 만들어 낼 수도 있다. 영감이 넘치는 음악가에게 3면체는 풍부한 창의력을 발휘할 수 있는 영역이다. 20세기 구상 음악˚을 창시한 피에르 셰페르가 자신의 작품 가운데 하나를 「창의적인 3면체」라고 이름 붙였듯이 말이다.

우리가 1시간마다 한 번씩 스위치를 누르도록 지시받았다고 가정해 보자. 이 임무는 1시간을 주기로 하는 주기적인 현상이다. 그런데 만약 30분마다 스위치를 눌러야 한다면 이때 주기는 반으로 줄어들고, 빈도(주파수)는 두 배로 늘어난다. 하지만

● ● ● ●

20세기 구상 음악 새소리, 물소리 등 자연계의 소리나 사람, 기계 등이 내는 여러 소리를 녹음한 다음, 그것을 기계적, 전기적 장치로 변형시켜 하나의 작품으로 구성한 음악. 연주 없이 스피커를 통해 감상한다. 구체적 음향을 사용하므로 구체 음악이라고도 한다.

30분에 한 번씩 스위치를 누르므로 1시간에 한 번씩 스위치를 누르라는 처음의 임무는 여전히 수행하는 것과 마찬가지이다. 처음 임무를 내린 사람은 확인하러 올 때마다 우리가 스위치를 누르는 모습을 볼 수 있을 것이다. 그런데 우리는 20분마다, 즉 1시간에 정확히 세 번 스위치를 누를 수도 있고, 15분마다 한 번씩 1시간에 네 번 누를 수도 있다.

이런 상황을 좀 더 일반화해서 말해 보자. 한 시간에 n번 누르면, 다시 말해 처음 주파수 f_0의 정수배가 되는 주파수 f로 스위치를 누르면, 우리는 여전히 처음 임무를 수행하게 된다. 여기서 f_0를 **기본파**라고 하고, f_0에 대해 정수배가 되는 특별한 주파수를 **고조파**라고 한다.

푸르니에의 설명에 따라 음악의 음을 분해하면 고조파의 속성을 띠는 주파수들만 나타난다. 예를 들어 피아노 해머가 라 440 현을 두드렸을 때 생기는 음파에는 440헤르츠의 기본파 f_0와 그 두 배의 주파수인 880헤르츠를 지닌 제2차 고조파 $2f_0$, 세 배의 주파수 1320헤르츠를 지닌 제3차 고조파 $3f_0$, 역시 동일한 방식으로 설명할 수 있는 $4f_0$, $5f_0$ 등이 포함되어 있다. 다음 그림은 주기적 음파를 고조파 성분들로 분해한 예를 보여 준다.

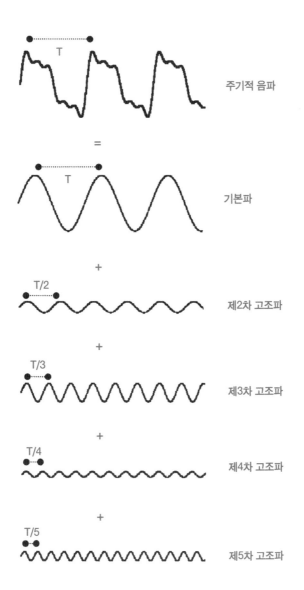

주기적 음파

=

기본파

+

제2차 고조파

+

제3차 고조파

+

제4차 고조파

+

제5차 고조파

맨 위의 주기적 음파는 다섯 개의 사인파 성분,
즉 주기 T를 가진 기본파와 각각 T/2, T/3, T/4, T/5의 주기를 가진 네 개의 고조파를 더한 합이다.

같은 음인데 왜 악기에 따라 다른 소리가 날까?

같은 음이라 하더라도 바이올린이 내는 소리와 트럼펫이 내는 소리는 다르다. 앞에서 얘기했듯이 악기에서 만들어진 음파에는 기본음뿐만 아니라 수많은 고조파들도 함께 들어 있다. 단순한 사인파로 구성된 소리는 고조파를 많이 포함한 소리, 다시 말해 높은 주파수 성분을 많이 가지고 있는 소리와 같지 않다. 음색이 다르다는 말이다. 악기마다 특별한 음색을 갖는 이유는 고조파를 포함하는 정도와 방식이 서로 다르기 때문이다.

악기의 소리는 각각의 기계 장치가 악기 자체를 진동시키고(연주하고), 나아가 공기를 진동시킴으로써 만들어진다. 현악기는 팽팽하게 당겨진 줄이 진동 장치에 해당하고, 관악기는 공기로 채워진 관, 북을 포함한 타악기는 진동막이 진동 장치가 된다. 악기의 진동 장치는 저마다 특유한 소리를 낸다.

현악기의 현은 두드리든 뜯든 간에 다른 구속을 받지 않는 한 저마다의 특징에 따라 진동한다. 이때 만들어지는 음의 높이는 현을 설치한 방식, 현을 당기는 힘, 현의 길이에 좌우된다. 그런데 현 자체가 만드는 소리는 세기가 약하므로 현악기에는 공명통이 필요하다. 공명통은 소리의 진동을 증폭하여 주변의 공기에 효과적으로 전달한다. 공명통을 거치면서 음색은 악기의 형태에 따라, 또 악기 재료의 성질에 따라 바뀐다. 아니, 바로잡힌다고 하는 편이 옳을 것이다.

악기의 음색은 소리를 만들어 내는 방식과도 관계가 있다. 예를 들어 바이올린이 내는 몹시 특징적인 소리는 연주 방식 자체와 관계가 있다. 현을 활로 문지르면 기타를 칠 때처럼 손가락으로 퉁기는 경우에 비해 높은 주파수의 고조파들이 더 많이 만들어진다.

피아노의 해머가 현을 두드릴 경우, 연못에 떨어진 돌멩이가 만들어 내는 잔물결과 유사한 충격이 생긴다. 그 충격은 1초당 수킬로미터의 속도로 현을 따라 이동하는데, 현이 고정되어 있는 지점까지 도착하면 퉁기면서 방향을 돌려 다시 다른 쪽 끝으로 간다.

이때 현 길이의 중간 위치에 아주 조그만 사람이 올라서 있다고 상상해 보자. 이쪽으로든 저쪽으로든, 충격이 지나갈 때마다 그 사람은 힘을 받아 발이 살짝 들리게 될 것이다. 한 번 힘을 받고 나서 다음 번 힘을 받기까지는, 충격이 현의 남은 절반의 길이를 지나 끝까지 갔다가 다시 돌아오기를 기다려야 한다. 그 시간은 충격이 현의 길이와 같은 거리를 주파하는 데 필요한 시간과 같다. 물론 피아노 현 위에 아주 작은 사람이 실제로 있는 것은 아니다. 그저 처음 해머가 부딪치면서 생긴 충격이 계속해서 오가고, 그 리듬에 맞춰 진동하는 현이 있을 뿐이다.

그런데 피아노든 바이올린이든 기타든, 현을 문지르거나 퉁겼을 때 생긴 충격이 현의 길이를 주파하는 데 필요한 시간, 즉 소리의 주기를 결정하고, 따라서 주파수도 결정한다. 그렇다면 현이 길수록 더 낮은 음이 나는 이유를 쉽게 이해할 수 있다. 실제로 현이 길수록 진동이 현을 주파하는 데 걸리는 시간도 길어진다. 따라서 주기와 반비례 관계에 있는 주파수는 감소하고, 소리는 더 낮아지는 것이다.

마찬가지로 현을 더 팽팽하게 하거나 굵기를 줄이면 진동의 이동 속도가 커지고, 따라서 현에서 나는 소리의 주파수는 높아진다.

관악기의 경우 진동이 악기의 관을 따라 전파되면서 소리가 만들어진다. 소리는 연주자의 입술에서 만들어지기도 하고 리드*에서 만들어지기도 한다. 관악기도 현악기의 현이 진동하

● ● ●

리드 피리, 오보에, 클라리넷 등의 악기에서 입을 대고 부는 곳에 붙이는 탄력 있는 얇은 조각. 공기를 불어넣으면 진동하면서 소리를 낸다.

는 것과 마찬가지로 처음 소리가 만들어질 때의 진동이 관의 끝에서 끝까지 오간다. 따라서 관의 길이가 음의 높이를 결정한다.

파이프오르간 같은 몇몇 악기들은 음 하나하나마다 관이 있다. 하지만 대개의 관악기는 악기 몸체를 따라 위치한 구멍을 열고 닫아서 관의 길이를 조절한다.

음색은 악기의 형태와 재료에 의해서 결정되고, 홑리드 방식의 클라리넷, 겹리드 방식의 오보에, 리드가 없는 가로형 플루트 등 소리를 만드는 방식도 음색에 영향을 미친다.

2

완벽한 화음은
존재할까?

음악가들은 어떻게 소리를 분석할까?

　음악이라는 분야에서 음은 생각을 표현하기 위해 구성된다. 그리고 음으로 표현되는 생각은 인간의 모든 사고가 그렇듯 문화의 영향을 받는다. 발리 음악, 일본 음악, 유럽 문화권 음악에서 음을 구성하는 기준은 저마다 차이가 있다. 또한 시대에 따라 규칙이 달라지기도 한다. 모차르트와 같은 시대에 살던 사람들이 20세기의 교향악을 들으면 형편없는 음악이라고 느낄지도 모른다.

　음악 음향학은 개별적인 음파로서의 음을 만족스럽게 설명할 수는 있지만, 그러한 문화적인 차이와 시대에 따른 변화까지 다 설명해 낼 수는 없다. 그렇다 하더라도 음악 음향학은 음악의 여러 특징들을 설명할 수 있다. 예를 들면 듣기 좋은 음악과 비음악적인 음악을 구분할 수도 있다.

🍎 음악의 **가락**(멜로디)은 음의 연속으로 이루어진다. 두 음 사🍎 이의 높낮이 차이를 음악에서는 **음정**이라고 하는데, 음정은 피아노 건반에서 두 음 사이의 거리와 직접 연관된다. 따라서 가락이란 음정의 연속이라고 할 수 있다.

옥타브란 도 음에서 8도 음정만큼 높은 데 있는 또 다른 도 음 사이의 거리를 말한다. 피아노 소리는 건반의 오른쪽으로 갈수록 점점 더 높아지므로 더 높은 옥타브에 있는 도 음은 건반의 오른쪽에서 찾아야 한다.

🍎 옥타브는 **온음**과 같은 더 작은 음정으로 나눌 수 있다. 여기서 온음이란 이를테면 도와 레 사이의 거리를 말한다. 한 옥타브 안에는 온음이 여섯 개 있다. 음정의 기본 단위가 되는 것은 온음의 절반, 즉 반음이다. 예를 들어 도에서 레까지는 한 개의 🍎 온음 또는 두 개의 **반음**이 있다.(첫 번째 반음은 도에서 올림(#) 도 사이, 두 번째 반음은 올림 도에서 레 사이.) 따라서 한 옥타브 안에는 반음이 열두 개씩 존재한다.

음악에서 많이 쓰이는 음정은 도에서 솔까지 일곱 개의 반🍎 음에 해당하는 **완전 5도 음정**, 네 개의 반음에 해당하는 **장3도**🍎 **음정**, 세 개의 반음에 해당하는 **단3도 음정**이다. 음정은 서로 더할 수도 있는데, 가령 5도 음정은 장3도에 단3도를 더한 것이다. 도에서 솔까지(일곱 개의 반음이자 완전 5도) 가려면 도에서 미까지(네 개의 반음이자 장3도) 올라갔다가 다시 미에서 솔까지(세 개의 반음이자 단3도) 올라가도 된다는 얘기다.

음정을 설명할 때 음악가들처럼 가락을 사용하지 않고 새로운 음마다 주파수가 바뀌는 파동으로 얘기하면 설명이 다소 복잡해진다. 예를 들어 라 440의 제2차 고조파는 한 옥타브 위에 있으며 880헤르츠, 즉 440헤르츠의 두 배에 해당하는 주파수를 가진다. 한 옥타브의 음정을 더하는 것은 주파수를 두 배로 만드는 셈이 된다. 880헤르츠 음에서 한 옥타브를 더 올라가려면 주파수를 다시 두 배로 만들어야 한다. 곧 한 옥타브 위의 음은 주파수가 1760헤르츠가 된다.

일반적으로 어떤 음정을 더하려면 해당 음정만이 지닌 정확한 계수를 출발음의 주파수에 곱해야 한다. 옥타브의 경우 그 계수는 2가 되고, 반음의 경우는 1.059가 된다. 온음의 음정은 반음 음정 두 개를 더한 값이므로 온음을 더하는 것은 원래 주파수에 1.059를 곱한 다음 다시 1.059를 곱한 값, 즉 1.122를 곱하는 것이 된다. 기본파 f_0에 1.059를 열두 번 곱하면 제2차 고조파 $2f_0$이 나오므로 한 옥타브 안에는 반음이 열두 개 있다는 것을 다시금 확인할 수 있다.

듣기 좋은 소리의 조건은 무엇일까?

여러 음이 동시에 발생할 때 전체 음파는 음 각각의 파동을 더한 것과 같다. 예를 들어 비슷한 주파수를 지닌 두 음이 동시에 연주되면 대개는 듣기에 안 좋은 음파가 만들어진다. 수학적으로 설명하면, 사인파 두 개가 더해질 경우에 시간이 지나면서 진폭이 변화하는 파동이 생겨나는 것이다.

이러한 현상을 맥놀이라고 한다. 이것은 특히 음정이 맞지 않는 두 악기로 같은 음을 연주했을 때 두드러지게 나타난다. 악기를 조율할 때 맥놀이 현상을 응용하기도 한다. 두 음 사이의 주파수 차이가 줄어들면 맥놀이는 점점 더 흐려지다가 완전

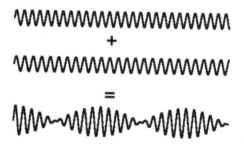

주파수가 약간 다른 순음 두 개를 더하면
음의 세기가 주기적으로 변하는 맥놀이 현상이 발생한다.

히 일치하면 감지할 수 없게 된다. 맥놀이가 사라지면 음의 세기 변화도 함께 사라진다. 이렇게 해서 정확히 같은 주파수에서 진동하는 두 음이 합해진 소리는 마치 새로운 악기로 연주한 하나의 완벽한 음처럼 들린다.

음악에서는 동시에 연주한 두 음이 듣기 좋은 소리를 만들 때 **협화음**이라고 하고, 그 반대의 경우를 **불협화음**이라고 한다. 가장 잘 어울리는 두 개의 음은 옥타브 음정에 정확히 대응한다. 이를 이해하기 위해 우선 악기로 한 음을 연주한다고 상상해 보자. 이때 생기는 음파에는 앞에서 설명한 대로 기본파 f_0 성분과 기본 주파수의 배수가 되는 주파수를 가진 고조파 nf_0 성분들이 포함되어 있다. 이때 각 성분들의 상대적인 세기에 따라 음색이 정해진다.

다음으로, 방금 연주한 음에 한 옥타브가 높은 두 번째 음을 더해 보자. 이 두 번째 음의 기본파는 $2f_0$이고 고조파는 $n(2f_0)$이다. 주파수 앞에 붙은 기호를 보면 쉽게 알 수 있듯이 두 번째 음의 기본파와 고조파는 모두 첫 번째 음의 고조파에서 이미 나타난 주파수들이다. 따라서 두 번째 음을 더한 것은 몇몇 고조파들의 상대적인 세기를 바꾼 것에 불과하다. 이렇게 해서 음색은 다르지만 듣기에 아주 좋은 협화음을 만들 수 있다.

두 번째 음의 기본파가 첫 번째 음의 기본파 f_0의 고조파가 되는 한 협화음은 잘 유지된다. 예를 들어 440헤르츠의 라와 그보다 한 옥타브하고도 5도 높은 데 있는 미를 동시에 연주했다고 가정해 보자. 여기서 미는 라 440의 제3차 고조파에 해당하는 1320헤르츠(3×440=1340)의 주파수를 지닌 음이다. 따라서 위에서 설명한 대로 두 번째 음인 미가 첫 번째 음인 라에 새로운 고조파를 더하지 않았음을 알 수 있다.

아래쪽 옥타브의 미, 즉 라 440보다 5도 위에 있는 미는 660헤르츠의 주파수로 진동한다. 방금 말한 미 1320과 한 옥타브 차이가 난다는 것을 주파수로도 확인할 수 있다.(660×2=1320) 이 미 660은 라 440의 고조파가 아니다. 두 주파수 사이의 비율이 정수가 아니라 1.5이기 때문이다. 그러나 두 음은 많은 고조파를 공유하므로 옥타브 음정만큼 완벽하지는 않아도 협화음을 유지한다.

맥놀이 현상을 이용하면 오케스트라에서처럼 악기가 많은 경우에도 효과적으로 음을 맞출 수 있고, 한 악기가 내는 음을 조율할 수도 있다. 앞에서 말했듯이 옥타브 음정의 협화음이 좋은 소리를 내는 이유는 두 음이 공유하는 고조파가 많기 때문이다. 그런데 두 음이 옥타브 음정만큼 정확히 떨어져 있지 않으면 고조파들 사이에 맥놀이 현상이 나타난다. 음정을 잘 듣는 사람은 이 맥놀이를 분명하게 느낄 수 있다. 그러한 맥놀

고조파를 공유하는 음끼리 어울리면 듣기 좋은 협화음이 만들어진다.

이가 사라졌다는 것은 곧 모든 음의 조율이 잘되었다는 확실한 증거다. 이런 식으로 피아노에서 모든 라의 음을 서로 맞출 수 있다. 일단 라 음을 맞추고 나면 완전 5도 음정의 협화음을 이용해 라보다 5도 높은 데 있는 미의 음을 맞출 수 있다. 역시 맥놀이 방법을 이용해서 말이다. 이렇게 해서 미 음 하나가 정확해지면 건반의 다른 모든 미 음을 쉽게 맞출 수 있다. 그러고 나면 미에서 시작하여 미보다 완전 5도 높은 시 음을 맞추고, 이어서 5도 음정을 이용하여 다른 음들도 계속 맞추어 나가면 피아노의 음정들을 맞출 수 있다.

수학으로 완벽한 화음을 만들 수 있을까?

앞에서 살펴본 것처럼 완벽하게 음이 맞는 5도 음정을 기초로 만든 음계를 **피타고라스 음계**라고 한다. 그런데 피타고라스 음계에는 약점이 있다. 한 옥타브를 똑같은 반음 열두 개로 나눈 음계, 즉 오늘날 보편적으로 쓰이는 **평균율 음계**와 양립하지 못하는 것이다. 피타고라스 음계에 따르면 라 440에 5도를 더하여 얻은 미 음은 660헤르츠로 진동한다. 그런데 한 옥타브를 똑같은 열두 개 음정으로 나누면 약간 다른 주파수 값이 나온다. 앞에서 말했듯이 반음 하나를 더하는 것은 곧 주파수에 1.059를 곱하는 것이다. 이때 라 440보다 반음 일곱 개 위에 있는 미 음의 진동 주파수는 라 음의 440헤르츠에 1.059를 일곱 번 곱한 것과 같은데, 이렇게 계산했을 때 답은 660이 아니라 659로 나온다. 별 차이 아닌 것처럼 보일 수도 있지만, 이러한 두 음을 동시에 연주하면 매 초마다 소리 세기가 변하는 것을 분명히 들을 수 있다. 바로 맥놀이 현상이 발생하는 것이다.

	도	레	미	파	솔	라	시	도
피타고라스 음계	1	1.125	1.266	1.333	1.5	1.688	1.898	2
평균율 음계	1	1.122	1.260	1.335	1.498	1.682	1.888	2

피타고라스 음계와 평균율 음계에서 기본음 도의 주파수와 다른 음들의 주파수를 비교한 위의 표를 보자. 두 음계가 양립할 수 없음이 분명히 드러난다. 따라서 피타고라스 음계에서는 듣기 좋은 5도 음정이 평균율 음계에서는 맥놀이 현상을 일으키는 것이다.

피타고라스 음계의 단점은 또 있다. 피타고라스 음계에서는 미와 파 사이의 반음이 도와 레 사이에 있는 온음의 절반과 정확히 일치하지 않는다. 따라서 음악에서는 피타고라스 음계가 아니라 평균율 음계가 인정받고 있다. 평균율 음계에서는 **조옮김**°을 완벽하게 해낼 수 있다는 것도 이점으로 작용했을 것이다. 실제로 평균율 음계를 이용한 가락, 즉 음정의 연속은 어떤 음에서 시작하든 같은 방식으로 소리가 난다. 이에 반해 피타고라스 음계에서 조옮김을 하면 가락의 음정들이 원래의 소리값을 유지하지 않는다.

한 옥타브를 균등하게 나누어 얻은 반음 열두 개에 기초한 평균율 음계는 16세기에 처음 만들어졌으며, 클라브생이나 피아노 같은 건반 악기가 등장한 후에야 확실히 자리 잡을 수 있었다. 건반 악기처럼 음이 이미 정해져 있는 경우에는 각 화음의 협화음 정도를 높이기 위해 주파수를 바꾸는 것이 거의 불가능하다. 게다가 평균율의 바탕이 되는 수학 자체가 타협의 여지가 없는 학문이다. 따라서 피아노 건반에서 완전 5도와 완

● ● ● ●

조옮김 악곡 전체의 형태를 바꾸지 않고 그대로 다른 조로 옮겨서 연주하거나 악보로 적는 것. 이를테면 다장조를 한 음 높여 라장조로 옮기는 것이 조옮김에 해당한다.

전 8도를 동시에 조율할 수 없다는 문제가 발생한다. 실제로 완전 5도는 주파수에 $\frac{3}{2}$ 을 곱해서 얻는 반면, 완전 8도는 주파수를 2를 곱해야 얻을 수 있다. 따라서 $(\frac{3}{2})^m = 2^n$이 될 수 있는 두 정수 m과 n을 찾아야 하는데, 이것은 2의 거듭제곱과 같은 3의 거듭제곱을 찾아야 한다는 말이다. 이것은 불가능한 일이다. 3의 거듭제곱은 항상 홀수이고, 2의 거듭제곱은 항상 짝수이기 때문이다.

한 옥타브를 반음 열두 개로 나누는 것이 유일한 방법은 아니다. 오늘날 몇몇 작곡가들은 고전 음악의 열두 가지 음정 대신 균등한 음정 54개로 옥타브를 나누는 방식을 사용한다. 이렇게 하면 온음 하나가 아홉 개로 세분되는데, 온음의 9분의 1이 되는 음정을 코마라고 부른다. 이 방식을 사용하면 음을 더 정확하게 표현할 수 있고, 올림 도와 레 내림(b) 레도 구분할 수 있다.

일반적으로 음정의 수를 세분하면 각각 더 정확한 소리를 얻을 수 있다. 이는 곧 맥놀이 현상이 나타나지 않는다는 얘기다. 하지만 이런 식으로 확장한 음계에 기초하여 피아노를 만들면 건반이 지금처럼 88개가 아니라 400개는 되어야 할 것이다. 게다가 건반 하나의 너비를 보통 피아노의 건반과 비슷하게 만들면 피아노 건반의 전체 길이가 8~10미터가 될 수도 있다! 따라서 이러한 음계를 현실에서 사용할 수 있는 것은 어디까지나 기술의 발전과 컴퓨터의 도움 덕분인 것이다.

결국 현재 사용하는 음계, 즉 균등한 반음 열두 개를 기초로 한 평균율 음계가 단점이 가장 적은 타협안인 셈이다. 음계를 지금보다 덜 세밀하게 분할한다면, 다시 말해 한 옥타브당 건반이 더 적어진다면 음들이 서로 잘 맞지 않아 아주 불쾌한 소리를 만들어 낼 것이고, 반대로 너무 세밀하게 분할한다면 악기 연주 자체가 불가능할 테니 말이다.

3

귀가 없으면

음악을 못 들을까?

귀는 왜 두 개일까?

귀는 복잡하고도 영리한 장치다. 귀는 소리의 파동을 전기 신호로 변환시키고, 이렇게 얻은 정보를 뇌에 보내 뇌로 하여금 소리를 조사하도록 한다.

사람은 귀를 두개씩 가지고 있는데, 이러한 구조는 소리가 어디에서 오는지 알아내는 데 아주 유용하다. 악기가 우리 몸 왼쪽에서 연주되면 악기의 소리는 왼쪽 귀에 더 강하게 그리고 더 빨리 도착한다.

이러한 세기와 시간의 차이는 뇌가 음원의 위치를 파악할 때 유용하게 쓰인다. 음악을 녹음할 때 음향 기술자가 악기 소리로 공간을 만드는 작업을 할 수 있는 것도 이러한 구조 덕분이다.

귀가 두 개 있어야 소리가 어디에서 들려오는지 파악하기 쉽다.

바이올린이 오른쪽에 있는 느낌을 주려면 바이올린 소리가 왼쪽 스피커보다 오른쪽 스피커에서 몇 마이크로초* 먼저 나오게 하는 것으로 충분하다. 이렇게 하면 오른쪽 귀가 왼쪽 귀보다 조금 먼저 바이올린 선율을 듣게 된다.

요즘 많이 쓰이는 믹싱* 기법과 여러 개의 스피커를 이용하면 마치 바이올리니스트가 듣는 사람 주위를 돌면서 연주하는 듯한 느낌의 소리도 쉽게 만들 수 있다.

소리를 만들어 내는 음원의 위치를 완벽하게 파악하려면 위에서 오는 소리와 아래에서 오는 소리도 서로 다른 방식으로 받아들여야 한다.

사람은 이러한 위치 정보에 둔감하지만, 올빼미처럼 오직 청각에만 의지하여 길을 찾아야 하는 몇몇 야행성 동물들은 이 문제를 간단히 해결한다.

올빼미를 보면 양쪽 귀의 위치와 형태가 서로 비대칭을 이루고 있는데, 그 덕분에 위에서부터 오는 소리는 한쪽 귀에 더

• • •

마이크로초 1마이크로초는 100만 분의 1초에 해당한다.
믹싱 음반을 만드는 과정에서 가수의 노랫소리와 각 악기의 연주를 하나로 모으는 작업.

크게 감지되고, 아래에서 오는 소리는 다른 쪽 귀에 더 크게 감지된다. 이러한 시스템은 매우 효과적이어서 공간을 이원적으로, 즉 방향(왼쪽이냐 오른쪽이냐)과 고도(위쪽이냐 아래쪽이냐)를 동시에 지각할 수 있다.

　사람의 귀는 좌우가 대칭을 이루므로 음원의 수직적 위치를 바로 파악하지 못한다.(귓바퀴의 굴곡에 반사되는 정도를 분석하면 간접적으로는 가능할 것이다. 청각이 매우 예민한 사람이라면 말이다.)

　아쉽기는 하지만, 그래도 미적 기준에서 보면 지금의 귀가 더 낫지 않을까?

귀는 어떤 구조일까?

　청각 기관에서 바깥으로 보이는 부분, 즉 **외이**에 속하는 귓바퀴의 일차적 기능은 귀라는 소리 포착 장치를 외부의 공격으로부터 보호하는 것이다. 또한 음원의 위치를 파악하는 일을 돕는데, 특히 소리가 나는 방향으로 귀를 돌리면 이 기능을 더 잘 수행할 수 있다.

　외이로 들어온 음파는 곧이어 민감한 얇은 막, 즉 고막에 닿는다. 이 음파로 고막이 진동하면 중이라고 불리는 지렛대가 돌아가기 시작한다.

중이는 세 개의 이소골(망치뼈, 모루뼈, 등자뼈)로 이루어져 있는데, 이소골은 고막과 난원창이라는 또 다른 막을 연결한다. 난원창은 이소골에서 전달한 에너지를 받아 진동하지만, 고막과 달리 공기 중이 아니라 액체 안에서 진동한다. 이 액체는 중이의 다음 구조인 **내이**에 들어 있다.(내이에 대해서는 뒤에서 자세히 설명할 것이다.)

중이의 지렛대는 소리 에너지를 더 잘 전달하도록 설계되어 있다. 힘을 정교하게 전달하여 맨손으로는 절대로 들지 못할 무거운 짐도 들어올리게 하는 도르래처럼 말이다.

중이가 수행하는 중요한 기능이 한 가지 있다. 저주파수를 통과시키지 않는 것이다.

여성 가수, 기타리스트, 콘트라베이시스트로 이루어진 트리오의 음반을 듣는다고 가정해 보자. 이때 콘트라베이스 소리는 우리 귀에 들어와 중이를 지나면서 약해지는데, 전체 스피커의 볼륨을 키우면 약해졌던 저음이 보완되므로 문제없이 잘 들을 수 있다.

하지만 음악 소리가 너무 크다고 이웃에서 항의하면 어쩔 수 없이 볼륨을 낮추어야 한다. 그러면 콘트라베이스 소리는 다시 약해져서 들리지 않아 음악을 제대로 감상할 수 없게 된다. 음향 기기를 만드는 사람들이 낮은 볼륨으로 음악을 들을 때 저음의 세기를 키워 주는 라우드니스 장치를 고안한 것은 중이의 이러한 기능 때문이다.

앞에서 말한 난원창은 내이의 달팽이관을 향해 나 있다. 달팽이 껍질처럼 나선형 구조로 된 달팽이관에는 액체가 들어차 있고, 그 속에는 두 바퀴 반이 말려 있는 기저막이 잠겨 있다. 이 전체가 내이를 구성한다.

기저막은 매우 특이한 형태를 지닌 기관이다. 기저막을 펼쳐 보면 시작 부분은 좁고, 끝으로 갈수록 점점 더 넓어지는 모양임을 알 수 있다. 우리가 알다시피 큰 것은 작은 것보다 둔한 법이다. 따라서 막의 시작 부분은 작고 가벼우므로 빠르게 변하는 것에 잘 반응하고, 더 무거운 끝 부분은 느린 움직임에 더 잘 반응한다. 달리 말하면 고음은 기저막의 시작 부분을 잘 진동시키고, 저음은 막의 끝 부분을 더 잘 자극한다는 얘기다.

이러한 원리는 피아노 현을 통해 우리가 알 수 있었던 사실, 즉 가늘고 짧은 현은 고주파수(고음)에 대응하고, 두껍고 긴 현은 저주파수(저음)에 대응한다는 사실과 일치한다.

또한 기저막은 **유모 세포**라는 소리 포착 장치로 덮여 있다. 그리고 이 유모 세포들은 신경 정보를 순환시키는 가느다란 섬

유, 즉 **뉴런**에 연결되어 있다.

고음을 들었다고 가정해 보자. 소리는 외이와 중이를 지나 내이에 다다른다. 내이에 도착한 소리는 기저막의 시작 부분을 강하게 자극하고, 이곳에 연결된 뉴런까지 자극하게 된다. 낮은 음을 들었을 경우에는 기저막의 끝 부분에 연결된 뉴런을 자극한다.

이렇게 자극을 받은 뉴런은 아주 작은 피아노의 현과 같은 형태를 취하는데, 이때 현이 놓인 방향은 실제 피아노와 반대로 되어 있다.(고음 현이 먼저 오고, 저음 현은 그 뒤에 놓인다.) 귀에 연속된 음이 들리면 작은 현들도 연속으로 자극을 받고, 이로써 현이 튀긴 정보가 뇌에 닿아 뇌로 하여금 가락을 따라가도록 한다.

사람의 기저막은 펼쳤을 때 그 길이가 약 35밀리미터나 되며, 20헤르츠에서 2만 헤르츠에 이르는 주파수를 소화한다. 진짜 피아노의 음은 귓속에 들어 있는 피아노의 주파수대에 포함된다. 20헤르츠는 피아노의 가장 낮은 음보다 5도 낮고, 2만 헤르츠는 피아노의 가장 높은 음보다 두 옥타브 높다.

흥미롭게도 동물들의 귀는 서로 매우 비슷하다. 포유류와 조류는 모두 달팽이관을 가지고 있으며, 저마다 생김새와 필요에 맞게 적응되어 있다. 예를 들어 코끼리는 같은 코끼리가 내는 저주파수에는 민감하지만, 2000헤르츠까지밖에 듣지 못한다. 사람보다 거의 두 배나 되는 60밀리미터 길이의 달팽이관을 가지고 있으면서도 말이다.

4

음악을 즐기려면
꼭 머리를 써야 할까?

음악을 들을 때 뇌에서 무슨 일이 일어날까?

앞장에서는 사람의 귀에 들어온 소리가 내이에 연결된 뉴런을 타고 뇌로 전해진다는 사실을 살펴보았다. 내이의 피아노와 연결된 뉴런은 뉴런망을 통해 신경 충동이라는 신호의 파동을 보내고, 이 신경 충동은 대뇌피질에 있는 뇌의 정보 처리 중추에 도착한다. 그런데 이 과정에서 정보의 일부분이 손실된다. 한꺼번에 많은 소리를 들으면 비교적 강한 소리들이 약한 소리를 가려서 들리지 않게 되는 것이다. MPEG 표준*처럼 음악

● ● ●

MPEG 표준 MPEG(Moving Picture Experts Group)는 디지털 비디오 및 디지털 오디오 압축에 관한 표준을 제정하는 동영상 전문가 그룹이며, 이 조직에서 정하는 규정을 국제 표준 또는 MPEG 표준이라고 부른다.

정보를 압축해서 작은 매체에 저장할 수 있도록 하는 디지털 오디오 코드 시스템은 이러한 원리에 따라 소리를 압축하여 저장한다. 디지털 음악에서 약한 신호의 일부는 다른 신호에 가려져 코드로 만들어지지 않는 것이다. 인간의 귀에 들리지 않는 그 신호들은 저장될 필요도, 전달될 필요도 없으므로 필수 저장량이 상당히 줄어든다.

불필요한 소리들이 줄어든 후라 하더라도 아직 뇌에까지 다다르는 신경 충동은 매우 많다. 따라서 뇌는 메시지를 이해하고 정보를 추적하기 위해 정말로 유용한 충동을 골라내야 한다. 그러기 위해 뇌는 소리를 마치 이미지처럼 다룬다. 다시 말해 소리의 윤곽을 탐지하는 것이다.

이미지에서 윤곽이란 무언가가 갑자기 바뀌는 영역을 말한다. 다시 말해 색깔, 빛의 세기, 구성 등이 갑자기 바뀌는 영역이 이미지의 윤곽을 이룬다. 뇌가 파악하는 소리의 윤곽은 무언가가 새롭게 발생하는 순간이다.

뇌는 새로운 것에 더 많이 반응하고, 거기로부터 사건과 사고를 찾아낸다. 귀가 어떤 음을 들으면 뇌는 그 음의 처음과 끝을 탐지한다. 오케스트라 지휘자가 세 번째 열에 앉은 바이올린 주자의 음이 다른 단원들에 비해 조금 더 빠르거나 늦다는 사실을 알아낼 수 있는 까닭도 이러한 사건 탐지 기능 덕분이다.

사람이 배경 소음을 잘 느끼지 못하는 것도 이러한 기능과 관계가 있다. 집에 막 도착했을 때는 길거리의 소음이 들리지만 곧 의식하지 않게 되는 것처럼 말이다. 뉴런은 그런 배경 소음들에 대해서 반응을 조금씩 줄여 가며, 결국 나중에는 뇌에 아무것도(또는 거의 아무것도) 도착하지 않게 된다.

뇌는 음악과 잡음을 어떻게 구별할까?

소리의 세계는 뒤죽박죽 그 자체다. 자동차 지나가는 소리나 경적 소리 같은 시끄러운 도로 소음이 들려오는 방이 있다고 치자. 우리는 그 방에서 두 사람과 이야기하면서 시디플레이어에서 흘러나오는 음악을 듣는데도 그것이 바이올린과 피아노 소리가 섞인 베토벤 협주곡이라는 것을 알 수 있다. 우리 귀 안에 들어 있는 피아노가 온통 뒤얽혀 있는 소리들을 모조리 뇌로 전달하면, 뇌는 얽히고설킨 소리의 실타래를 풀어 베토벤의 음악만 골라낸다. 이를 **청각 장면 분석**이라고 한다. 즉, 분리해야 할 음원들로 북적거리는 장면을 귀를 이용해 분석하는 것이다.

뇌는 얽히고설킨 소리의 실타래를 풀어 각각의 소리를 알아듣는다.

청각 장면 분석을 할 때 사람의 뇌는 동일한 음원에서 오는 것처럼 들리는 여러 신호를 하나로 묶는다. 바이올린과 첼로를 함께 연주한다고 가정해 보자.

앞장에서 설명했듯이 바이올린 음 하나를 연주하면 여러 고조파가 겹쳐서 나오며, 이 고조파들은 첼로의 고조파와 섞인다. 만약 바이올린과 첼로가 서로 다른 음을 연주하면 서로 다른 고조파가 나오므로 바이올린 음과 첼로 음을 구분하는 첫 번째 단서가 된다.

또한 두 악기가 같은 음을 연주하면 악기의 음색으로 둘을 구분할 수 있다. 설령 같은 악기라 하더라도 연주가의 연주 방식에 따라 다른 음색이 나오기 때문이다.

사실 음색을 넘어 연주 기법 자체가 악기마다 차이가 있으며, 또 연주자에 따라 프레이징°이 다르기 때문에 우리 귀는 바이올린의 고조파를 첼로의 고조파에서 분리하여 따로 묶을 수 있다.

분석에는 또 다른 요인도 끼어들 수 있다. 이를테면 연주 시작음에 마이크로초만큼의 차이가 있어도 악기 소리가 당장 두

● ● ●

프레이징 한 곡의 가락을 저마다 의미를 지닌 몇 개의 소절로 나누는 방법.

드러진다. 이것이 바로 오케스트라 지휘자가 틀린 연주자를 단번에 알아차리는 비결이다.

왼쪽에 있는 바이올린과 오른쪽에 있는 첼로를 구분하는 식으로 음원의 위치를 파악하는 과정 역시 소리를 구분하는 데 도움이 된다.

작곡가는 음을 추적하는 귀의 이러한 능력을 염두에 두고 곡을 쓸 뿐 아니라 심지어 자유자재로 이용하기도 한다. 예를 들어 피아니스트는 왼손과 오른손으로 확연히 다른 가락을 연주할 수 있는데, 듣는 사람은 그 가락들을 두 개의 흐름으로 지각한다.

이와 반대로 피아니스트가 왼손에서 오른손으로, 즉 저음에서 고음으로 교묘하게 옮겨가는 곡을 연주하면 듣는 이는 이를 하나의 가락으로 지각한다. 능숙한 바이올리니스트는 능숙한 활 놀림으로 저음과 고음을 빠르게 번갈아 연주할 수 있는데, 음이 매우 빨리 교차되면 듣는 이는 바이올린 두 대가 각각 낮은 음과 높은 음을 따로 연주한다고 생각하게 된다. 바흐˚의 바이올린을 위한 '파르티타'˚가 무반주 독주곡인데도 두 개의 바이올린으로 연주하는 곡처럼 들리는 까닭이 바로 이것이다.

뇌가 뒤섞여 있는 소리들을 분리할 수 있다면, 어떤 소리인지도 확인할 수 있을까? 두 개의 악기가 어떤 음악을 연주할 때 우리 뇌는 그 소리를 내는 것이 바이올린인지, 피아노인지, 클라리넷인지, 아니면 사람의 목소리인지 알아낼 수 있을까?

이 질문은 훨씬 더 보편적인 또 하나의 의문을 불러일으킨다. 즉, 우리는 감각을 통해 자신을 둘러싼 세계를 제대로 알 수 있을까 하는 것이다.

우리 주변의 물체들은 입체적인 모양을 하고 있지만, 우리 눈의 망막에는 평면적인 것으로 비친다. 그런데 시각 기관이 그 진짜 모양을 안다고 할 수 있을까? 우리의 지각은 실제 세계를 있는 그대로 포착하는 것일까, 아니면 변형시켜서 인식하는 것일까?

이러한 질문은 철학과 실험 심리학*을 넘어 수학 영역에서도 제기된다. 소리를 내는 물체에 파동의 생성과 전파에 관한

● ● ●

바흐(1685~1750) 독일의 작곡가. 종교적 성격이 강한 협주곡, 관현악 모음곡 등을 많이 썼고, 대위법 음악을 완성하여 바로크 음악의 아버지로 불린다. 주요 작품에 「마태 수난곡」, 「브란덴부르크 협주곡」, 「부활제」 등이 있다.
파르티타 바로크 시대에 쓰던 음악의 형식. 본래는 하나의 주제 선율을 지닌 변주곡을 가리키는 말이었지만, 나중에는 일반적인 모음곡을 가리키는 말로 쓰였다.
실험 심리학 정신 현상의 연구에 실험적 방법을 적용하는 심리학. 19세기 후반에 독일의 심리학자 분트가 창시하여 현대 심리학의 발달에 기초를 마련했다.

음향학 이론을 거꾸로 적용할 수도 있을까? 다시 말해 어떤 물체가 만들어 내는 음향 스펙트럼을 보고 그 물체의 모양을 유추할 수 있을까?

이러한 궁금증에 답을 얻어 내려고 노력한 끝에 수학자들은 악기의 현이 내는 음의 높이와 고조파의 스펙트럼을 이용하여 현의 길이를 계산하는 방법을 알아냈다. 게다가 이보다 더욱 놀라운 일도 할 수 있게 되었다. 북이 만들어 낸 음향 스펙트럼을 가지고 그 북의 면적과 둘레 길이, 심지어 몇 군데가 찢어졌는지까지 알아낼 수 있게 된 것이다!(놀랍지 않은가?) 하지만 수학자들은 소리로 모양을 완전하게 알아내기란 불가능하다는 것도 보여 주었다. 모양이 다른 두 개의 북이 정확히 똑같은 소리를 낼 수도 있기 때문이다.

게다가 사람의 귀는 종종 착각을 일으킨다. 동북 아시아의 가수들은 고조파 창법을 사용하는데, 이들은 아주 낮지만 고조파가 풍부한 음을 내면서, 스펙트럼에서 뚜렷이 드러나는 매우 높은 고조파를 증폭할 줄 안다.

이때 노래를 듣는 사람은 자연히 증폭된 고조파가 가수의 낮은 목소리에 더해진 또 다른 높은 목소리일 거라고 생각하게 되는데, 알고 보면 한 사람의 목소리를 두 사람의 목소리로 착각한 것이다. 이는 하나의 악기를 두 개의 다른 악기로 혼동하는 경우와 비슷하다.

하지만 소리는 음원의 여러 가지 물리적 속성을 알려 준다. 듣는 이가 이미 아는 악기의 소리라면 듣고 나서 바로 그 악기임을 알아차릴 것이고, 모르는 악기라고 해도 적어도 악기의 크기와 악기가 어떤 소재로 만들어졌는지 정도는 가늠할 수 있다. 동물의 경우에 어떤 울음소리를 들었을 때 그 소리의 주인이 적인지 아니면 같은 패거리인지, 또 적이라면 그 소리의 주인공이 얼마나 큰지 알아내는 일이 매우 중요하다.

음악에 마음을 담을 수는 없을까?

악기에는 보통 종류별로 그 고유의 모양이 있으며, 또 고유한 음색이 있다. 음악에서 중요한 것은 음의 높이, 즉 음파의 주파수다. 이와 반대로 말은 혀, 턱, 입술의 움직임에 따라 계속해서 모양이 바뀌는 발성 기관에서 나오고, 소리의 높이는 거의 바뀌지 않는다.

악기의 음과 말소리의 차이는 매우 중요하다. 실제로 말을 구성하는 소리의 의미는 음파의 높낮이가 아니라 시간의 경과에 따라 달라지는 반면, 음악은 주파수의 변화에 따라 달라진다. 그런데 하나의 기관으로 시간적 변화와 주파수의 변화를 동시에 따라가기가 어렵다.

이 문제를 해결하기 위해 사람의 뇌는 아주 간단한 전략을 선택했다. 뇌의 왼쪽과 오른쪽이 소리 정보를 각각 나누어 처리하도록 만든 것이다. 이를테면 좌뇌는 음파의 높낮이에 크게 신경 쓰지 않고 빠른 신호에 더 잘 집중하고, 우뇌는 음파가 일으키는 시간의 변화보다 높낮이의 변화를 더 잘 따라가는 재주가 있다. 과학자들은 이러한 원리를 바탕으로 말은 좌뇌에서 우선적으로, 음악은 우뇌에서 우선적으로 처리된다고 본다.

여러 가지 소리가 뒤얽힌 실타래를 풀어 놓으면, 즉 여러 악기의 음을 각각 분리하여 확인하면, 뇌는 음악의 언어를 이해할 준비가 된 셈이다. 그런데 음악은 단지 소리로 분석되는 대상에 불과한 것일까? 악기 소리 너머에는 진동하고 노래하는 영혼이 있다고, 듣는 이의 뇌가 멀리서 지켜보게 되는 또 다른 뇌가 있다고 하지 않았던가?

신경 생리학˚ 연구자들은 최근 **거울 신경**이라는 흥미로운 것을 발견했다. 원숭이 뇌의 거울 신경은 다른 원숭이의 행동을 바라보거나 그 행동을 따라 할 때 같은 방식으로 반응한다. 또 사람의 거울 신경은 어떤 행동을 머릿속으로 하거나 실제로 할 때, 또는 다른 누군가가 그 행동을 하는 것을 관찰할 때 모두 똑같은 방식으로 반응한다. 이는 곧 동물의 뇌가 동족의 행동을 감지했을 때 그 행동을 머릿속으로 따라 하게 만드는 구조를 갖추고 있다는 얘기다. 즉, 다른 개체를 마치 자신의 거울처럼 지각하는 것이다.

다른 개체의 행동을 상상하고 모방하는 행동 방식은 뇌의 거울 신경과 관련이 있다. 사람의 감정 이입, 즉 다른 사람이 어떻게 행동하는지 보고 나서 스스로 그 사람의 처지에 놓였다고 가정하여 그러한 행동을 유발한 원인이 무엇인지 알게 해 주는 감정 구조 역시 거울 신경과 관계가 있다. 이렇게 보면 음악을 들을 때 우리가 음악가의 마음으로 들어가게 된다고 가정하는 것이 완전히 틀린 얘기는 아닌 것 같다.

음악과 소리의 가장 큰 차이는 듣는 대상이 존재하느냐 존재하지 않느냐 하는 것이다. 음악가는 자신이 아니라 듣는 사람을 위해 음악을 만들며, 또한 음 하나하나에 의미를 담아 하나의 곡을 구성한다. 요컨대 음악이란 사람 마음의 노래이며,

● ● ●
신경 생리학 생리학의 한 분야. 대뇌 신경계 및 단일 신경 세포, 신경 섬유의 물리적 운동 원리, 신경 단위의 결합으로 이루어지는 중추 신경 세포의 문제 등을 연구한다.

음악을 듣는 것은 곧 그 마음과 어울려 같은 길을 가는 것이다. 이것이야말로 의심할 여지가 없는 사실이 아닐까?

더 읽어 볼 책들

- 김연, 『**음악이론의 역사**』(심설당, 2006년).

- 안동림, 『**퀴즈로 배우는 클래식 음악**』(현암사, 2005).

- 이석원, 『**음악 음향학**』(심설당, 2003).

논술·구술 시험은 논리적이고 종합적인 사고를 요구한다. 다음에 제시된 문제는 이 책의 주제와 연관이 있는 논술·구술 기출 문제이다. 이 책을 통하여 습득한 과학적 지식과 원리, 입체적이고 논리적인 접근 방식을 활용하여 스스로 문제에 답해 보자.

▶ "과학은 인간을 안정시키고 예술은 인간을 불안하게 만든다."라는 주장에 대한 자기 견해를 밝혀라.

옮긴이 | 김성희

부산대 불어교육과 및 동대학원을 졸업했으며 현재 전문 번역가로 활동 중이다.

민음 바칼로레아 30
음악은 과학인가?

2판 1쇄 펴냄 2021년 3월 30일
2판 5쇄 펴냄 2024년 8월 8일

1판 1쇄 펴냄 2006년 5월 22일
1판 3쇄 펴냄 2013년 9월 19일

지은이 | 알랭 쉴, 장뤽 슈와르츠
감수자 | 김양한, 김정진
옮긴이 | 김성희
발행인 | 박근섭
펴낸곳 | ㈜민음인

출판등록 | 2009. 10. 8 (제2009-000273호)
주소 | 06027 서울 강남구 도산대로 1길 62 강남출판문화센터 5층
전화 | 영업부 515-2000 **편집부** 3446-8774 **팩시밀리** 515-2007
홈페이지 | minumin.minumsa.com

도서 파본 등의 이유로 반송이 필요할 경우에는 구매처에서 교환하시고
출판사 교환이 필요할 경우에는 아래 주소로 반송 사유를 적어 도서와 함께 보내주세요.
06027 서울 강남구 도산대로 1길 62 강남출판문화센터 6층 민음인 마케팅부

한국어판 ⓒ (주)민음인, 2006. Printed in Seoul, Korea
ISBN 979 11-5888-792-6 04000
ISBN 979 11-5888-823-7 04000(set)

㈜민음인은 민음사 출판 그룹의 자회사입니다.